ज़िंदगी के रंग

मेघा खन्ना

BookLeaf Publishing

India | USA | UK

Made with ❤ on the BookLeaf Publishing Platform

www.bookleafpub.in

www.bookleafpub.com

Dedication

यह किताब मेरे और मेरे जैसे लोगों के लिए है, जो एक उम्मीद के सहारे जी रहे हैं।

Preface

ज़िंदगी के रंग—ये सिर्फ़ कुछ कविताओं का संकलन नहीं, बल्कि भावनाओं की वो तस्वीरें हैं, जो समय से चुराकर जीवन के कैनवास पर उकेरी गई हैं। हर रंग का अपना महत्व है, अपनी कहानी है। कभी वो रंग खिलखिलाते हैं, कभी धुंधले हो जाते हैं, लेकिन हर रंग ज़रूरी है, क्योंकि इन्हीं से मिलकर हमारी ज़िंदगी की तस्वीर बनती है, जो अमूल्य है।

Acknowledgements

शुक्र है के शुक्र है,
ना होता तो कुछ ना होता।

सूरज

मैं रोज सुबह जल्दी
अपने बिस्तर की सिलवटों से उठकर,
खिड़की के आइने से
सूरज को उगते देखती हूँ
और सोचती हूँ,
सूरज तो सबका है,
तो फिर मेरी बारी कब आएगी?

जो रातों को पल्लू में छिपकर
आँसुओं से सवाल करती हूँ—
तुम क्यों आते हो?
चार लोगों की ख्वाहिशों में डुबकी क्यों लगाते हो?
तुम बस ख़ुशी में आया करो,
ग़म में तो तुम भी पराए लगते हो।

आओ तो
प्यार से सिर पर हाथ फेरा करो,
धुत्कार तो आसानी से मिल जाती है।

मैं रोज सुबह जल्दी

सूरज को पुकारती हूँ,
और वो कहता है—
"अभी सब्र करो।"

सब्र करते-करते रात हो जाती है,
और मैं फिर से सवाल करने लग जाती हूँ।

शादी का जोड़ा

मैं और वो शादी का जोड़ा
जो मैं नहीं पहन पाई,
अक्सर बातें करते हैं।

मैं तानों का सुर लगाकर कहती हूँ—
"क्या फ़ायदा तुम्हारी लाल ख़ूबसूरती का,
तारों-सी चमकती कढ़ाई का,
जब मेरा भविष्य ही नहीं सँवार पाए?"

वो मुस्कुराकर जवाब देता—
"तुम्हारा भविष्य लालच की आग से बच गया,
मुझे ना पहनने से,
और तुम उसी के लिए मुझे कोस रही हो?"

मैं उसकी बात काटते हुए कहती—
"मेरा दिल जो काँच के टुकड़ों में बिखरा है,
जिन पर रोज चलकर खुद को तकलीफ़ देती हूँ,
उस पर क्या कहोगे?"

वो हल्की मुस्कान में कहता—

"दिल तो वो मिट्टी है
जिसमें फिर से प्यार के फूल खिल सकते हैं।
अगर तुम उस घर चली जाती,
तो उस मिट्टी पर कुछ भी नहीं उग पाता,
और तुम घुट-घुट कर मर जाती..."

आँसुओं में भीगे, सिसकियाँ लेते हुए मैंने कहा—
"तो अब कौन करेगा मुझसे शादी?
जो लोग बातें बना रहे हैं,
उन्हें चुप कौन कराएगा?"

वो शांति से कहता—
"पहले ख़ुद से तो प्यार करो...
आईने में देखो,
अपनी रूह को अपनाओ।
कोई और शख़्स आए,
उससे पहले अपने लिए दरवाज़ा खोलो।

और जो लोग बातें बना रहे हैं,
उन्हें बस दुआ दो—
क्योंकि जो दूसरों की बुराई करते हैं,
वो ख़ुद कहीं प्यार और शांति ढूँढ रहे होते हैं।"

मैं और वो शादी का जोड़ा
जो मैं नहीं पहन पाई,
अक्सर बातें करते हैं—
"अच्छा हुआ, जो हुआ।"

जादू

बचपन में मुझे
जादुई चीज़ें बेहद आकर्षित करती थीं।
चाहे कोई जादुई कलम हो
या फिर परियों की कहानियाँ,
मुझे लगता था
ख़्वाहिशें पूरी करना संभव है।

मुझे यक़ीन था—
अगर मैं किसी के साथ अच्छा करूँगी,
तो मेरे साथ भी अच्छा होगा।
और जब सब कुछ थम जाता है,
तो रात को एक ख़त लिख दो,
सब ठीक हो जाता।

फिर अचानक से मैं बड़ी हो गई,
लॉजिक और ज़िम्मेदारियों के बीच खो गई।
जादू... नेचर... भी कुछ होता है,
ऐसा कुछ याद ही नहीं रहा,
मैं तो सिर्फ़ बनावटी दुनिया की मीरा बन गई।

कभी-कभी, छत पर
जब पूरे चाँद से आँखें मिलतीं,
एक अनोखा एहसास छू जाता,
पर लॉजिक हमेशा पीछे से आवाज़ लगाता—

"नीचे आओ।"

शब्दों के लिबास

जब शब्द होते हैं,
तो वो नहीं होता।
जब वो होता है,
तो शब्द नहीं होते।

अब नहीं सहा जाता, हबीब!
कभी मिलो उस शाम,
जब मैं शब्दों के लिबास में हूँ।
तब खुदा भी तुम।
और मैं भी तुम।

विचारों का प्रमाण

क्यों हमें आज भी,
इस सदी में, इस दौर में,
अपने विचारों को अपनाने के लिए
तुम्हारा प्रमाण चाहिए?

क्यों हमें आज भी,
अपने ख़यालों पे भरोसा नहीं?
क्यों हमें आज भी,
अपने अस्तित्व पे अभिमान नहीं?

क्या वो दूध था जो बचपन में
गागर भर के पिलाया गया?
या हर नरमी में छुपा था पितृसत्ता का ज़हर,
जो हमारे अंदर समाया गया?

क्यों माँ ने नहीं बताया
कि हमारी भी एक आवाज़ है?
क्यों नहीं समझाया
कि साँवलापन भी सुंदरता की श्रेणी में आता है?

क्यों नाप-तोल कर आज़ादी का पैग़ाम मिला?
क्यों जताया गया कि हम लड़के नहीं, लड़की हैं?
क्यों हमारे हाथों में गुदवाया
अगर काम नहीं किया,
तो ससुराल में गालियाँ सुननी पड़ेंगी?

क्यों नहीं बताया कि जो भी सिखाया है,
उसे मिटाकर दोबारा सीखना पड़ेगा?
देर चाहे लगे, मगर ये सच है,
अपने विचारों का प्रमाण,
अब तो हमें ख़ुद ही देना पड़ेगा।

प्यार का नाम

अगर तुम्हारे प्यार का कोई नाम होता,
तो मैं उसे मनमौजी कहकर बुलाती।

कभी उदार, तो कभी कंजूस कहती,
कभी समझदार, तो कभी नादान कहती।

कभी दिल में उतरने वाला,
तो कभी सिर के ऊपर से गुज़र जाने वाला कहती।

कभी चढ़ता सूरज, तो कभी सांझ मिलन कहती।
कभी तुम कहती, तो कभी मैं कहती।

दिमाग में कैमरा

जब भी मैं लिखती हूँ तो सोचती हूँ,
क्या इन शब्दों की जान-पहचान करवानी चाहिए?
और जो मेरे शब्दों को जानेंगे, क्या सोचेंगे मेरे बारे में?

कहीं ये तो नहीं लगेगा,
मैं एक चोर हूँ जो लम्हे चुराकर उनका स्वेटर बुनती हूँ,
हर सिलाई में एक कहानी पिरोती हूँ,
और उसे बेच देती हूँ बिना कीमत जाने।

या फिर मेरे दिमाग में कैमरा है जो उनकी जासूसी करता है,
कहीं उन्हें लगता हो,
मुझे अपने विचारों से उनकी ज़िंदगी में टांग अड़ानी है,
या फिर मेरे पास बहुत वक़्त है जिसे बर्बाद करना मुझे अच्छा लगता
है।

और ये भी हो सकता है,
उन्हें मेरे शब्दों से खेलना पसंद हो,
जो उन्हें किसी छोटे बच्चे की तरह सवाल करते हों,
और जिसका जवाब वो अब तक ढूंढ रहे हों...

मैं तुम हूँ

मैं तुम हूँ
और तुम मैं हो।
मैं तुम सब हूँ
और तुम सबमें मैं हूँ।

अगर तुम्हारा क्रोध मेरा है,
मेरा प्यार तुम्हारा है।
अगर मेरे कर्म तुम्हारे हैं,
तुम्हारा पाप मेरा है।

अगर तुम एक हो,
मैं तुममें अनेक हूँ।
अगर तुम्हारी तरक्की मेरी है,
मेरी नाकामयाबी तुम्हारी है।

अगर जन्म तुम्हारा है,
अंत मेरा है।
क्योंकि हम सब एक हैं,
और एक में हम सब हैं।

विश्वास

विश्वास क्या होता है?
उन छोटी नन्ही आँखों से पूछो,
जो हर असंभव को संभव समझती हैं।

माँ कहती है,
मैं जब एक नन्ही सी कली थी,
आसमान देख के सब माँग लेती थी,
और विश्वास से कहती थी—
"अब तो सब मिलेगा!"
डायरी के पन्ने गुरु-मंत्र से भरती थी,
और सोचती,
"इस बार फ़र्स्ट तो मैं ही आऊँगी!"
और ख़ूबसूरत बात?
मैं आ भी जाती थी!

बचपन में ख़्वाहिशें पूरी होना आसान था,
क्योंकि विश्वास था—
यूनिवर्स पर, भगवान पर, ख़ुद पर।

और अब?

आत्म-संदेह की दलदल ऐसी है,
न भगवान दिखता है, न यूनिवर्स।

14

बिंदी

एक वादा करती हूँ
तुम्हें बिंदी की तरह माथे पर
सजा कर रखूँगी।
तुम कहीं किसी और की गोदी में
फिसलकर गिर गए,
तो याद रखना—

"जो बिंदी एक बार गिर जाए,
वो फिर माथे पर नहीं सजती।"

नींद

तुम मुझसे पूछो,
सुकून क्या है
तो मैं "नींद" कहूँगी।
कितना खूबसूरत एहसास है,
बिल्कुल नशे को टक्कर देने वाला।

रोने के बाद आ जाए,
तो मन हल्का कर देती है।

तनाव में आ जाए,
तो कुछ देर के लिए छुटकारा दे देती है।

अपने प्रियजन के साथ आ जाए,
तो चैन दे देती है।

समय पर आ जाए,
तो ख़ुशी देती है।

और अगर सपनों में कुछ अधूरा रह जाए,
तो सुबह एक नया इरादा दे देती है।

भेलपुरी

ज़िंदगी के सारे रसों में,
तुम मेरे लिए भेलपुरी जैसे हो,
चटपटे इतना कि आँसू निकल आए,
संतोष इतना कि सुकून मिल जाए,
कहीं भी, कभी भी मिल जाए,
मगर मन क्यों नहीं भरता,
ये राज़ कभी समझ न आए।

वक़्त

जितना वक़्त बिगड़ता रहा,
मेरे हाथ खुलते रहे।

अब कोई बोले कि वक़्त बुरा है,
तो मैं उसे गले लगा लेती हूँ।

कमियाँ भरना

इंसान कभी कुछ खाली नहीं छोड़ सकता,
बस किसी भी चीज़ से कमी को भरना है।
जैसे सिगरेट छोड़ने को कॉफ़ी से भरना,
बिस्किट के डब्बों को धागों की रील से भरना,
प्लास्टिक की पॉलिथीन में और पॉलिथीन भरना,
गलतियों को ग़ुस्से से भरना,
और खाली पन्नों को लफ़्ज़ों से भरना।

उड़ना

सब भाग रहे हैं,
मुझे चलना पसंद है।

जब सब थक जाएंगे,
मैं उड़ जाऊँगी।

खोया हुआ सा कुछ

कुछ तो खोया है,
पता नहीं क्या!
आधी उमर निकल गई,
मगर अब तक मिला नहीं।

अगर मिल भी गया,
तो कैसा होगा?
क्योंकि इससे पहले,
कभी कुछ मिला ही नहीं!

लैला-मजनू

लैला रोज़ दरवाज़े से बाहर मजनू को पुकारती रही,
मजनू रोज़ कामों में उलझा, लैला को टालता रहा।

ना कभी मजनू के काम खत्म हुए,
और ना कभी लैला घर के अंदर आ पाई।

घास और तुम

तुम बिल्कुल मानो घास की तरह हो।
कल जब मैं पार्क में नंगे पाँव घास पर चल रही थी,
तो तुम्हारी याद आई।

कहीं मुलायम नमी थी,
और कहीं नुकीली चुभन,
जो मेरे पाँव को तुम्हारे व्यक्तित्व का एहसास दिलाने लगी।

तुम भी तो जब सामने होते हो,
अपने हाथों से प्यार की नमी वाला मलहम मेरे क्रोध की आग पर
लगाते हो–
ग़लती जो हमेशा तुम्हारी होती है।

और जब मैं कोई बात ना मानूँ,
तो नुकीली बातें बोलकर जैसे 'तुम बच्ची हो,'
बड़ी होने का एहसास दिलाते हो।

तुम बिल्कुल घास की तरह हो... मुझे ज़मीन से जोड़कर रखते हो।

चाय

अगर ये सर्दी चाय है,
तो तुम अदरक,
और मैं इलायची हूँ।

माँ का पल्लू

वो घर ही क्या,
जहाँ गीले हाथ और चश्मा
साफ़ तौलिये से किया जाता हो?

मैंने तो हमेशा
माँ के पल्लू, दुपट्टे
और कुर्ती को ही तौलिया समझा।

बार-बार

एक कमी है मुझमें,
मैं लालची बहुत हूँ।
तुझे जितनी बार देखूं,
बार-बार, हर बार,
कम पड़ ही जाता है...

दिवाली

पिछली दिवाली तुमने कहा था,
"मैं वादा करता हूँ,
तुम्हें ले जाऊँगा अगली दिवाली पर,
घर जो तुममें बसता है मेरा।
तुम उसी लाल कुर्ती,
माथे पर बिंदी,
और कानों में झुमके,
वही जो मैंने दिलवाए थे,
पहने तैयार रहना।"

अगली दिवाली आई
और मैं बरामदे में दीये जलाकर,
नम आँखों से तुम्हारी राह देखती रही।
अभी अंधेरा छटेगा, और तुम आओगे...
तुम तो नहीं आए,
पर तुम्हारा फ़ोन ज़रूर आया।
"अभी ज़रूरी काम करने हैं,
कुछ देर और लगेगी..."

मैंने पूछा,

"कुछ देर और या कई दिवाली और?"
तुमने कहा,
"अभी पता नहीं, कितना और..."

एक सौ एक

जब मुझे एक सौवा जॉब रिजेक्शन मिला,
आँख में आँसू नहीं थे,
मुस्कान मुरझाई नहीं हुई थी,
तूफ़ान आया नहीं था,
और मन अभी भी ज़िंदा था।

यह तो उत्सव मनाने वाली बात थी,
क्योंकि इसके बाद तो एक सौ एक का शगुन ही होगा।

एक सौ एक

दोस्ती

क्या नाम दूँ उस दोस्ती को,
जो काढ़े को शहद बना देती है,
कॉफी को चाय बना देती है,
और रात को सवेरा बना देती है?

ज़िंदगी के रंग

"तुम ख़ूबसूरत हो" कहकर वो मेरी तारीफ़ करने लगा।
मैंने पूछा, "तुम्हें क्या ख़ूबसूरत लगता है मुझमें?"
उसके जवाब में उसने कहा, "इतनी सुंदर तो दिखती हो।"
मैंने बोला, "बस इतना ही?"
मुस्कुराते हुए मैंने ख़ूबसूरत चीज़ों का फिर पिटारा खोला—

"ख़ूबसूरत तो वो मर्द है जो अपने प्यार के सम्मान में कुछ भी कर
जाता है।
ख़ूबसूरत तो वो एहसास है जो किसी की भूख मिटाकर मिलता है।
ख़ूबसूरत तो वो चाय है जो बिना कहे मिल जाए।
ख़ूबसूरत तो वो सांझ है जो दिन को रात से मिलाती है।
ख़ूबसूरत तो वो माँ का सदाबहार प्यार है।
ख़ूबसूरत तो वो आँखें हैं जो ये जीवन जैसे चमत्कार को देख पा रही
हैं।
ख़ूबसूरत तो ये प्रकृति है जिसने तुम्हें सब कुछ दिया है।
ख़ूबसूरत तो वो लम्हा है जो आँसुओं को मुस्कान में बदल देता है।
ख़ूबसूरत तो वो नारी है जो शक्ति की मिसाल है।
और ख़ूबसूरत तो ये संवाद है जिसने मुझे फिर से याद दिलाए—
ज़िंदगी के रंग।"

www.ingramcontent.com/pod-product-compliance
Lightning Source LLC
LaVergne TN
LVHW010022200726

843495LV00015B/1883